JN439537

만인시인선 · 48

춤

박영교 시집

춤

만인사

자서

삶의 언덕배기에서
수취 불명의 백지이고 싶은 날
죽령을 넘어오는 눈바람을 맞는다.
일어서지도 못하는,
살 에는 눈비를 맞으면서
그리운 하늘 펴들고 돌아나오는
희방폭포 물소리,
내 시도 저와 다름없었으면 좋겠다.

죽는 날까지 열심히 쓸 것이다.

차 례

2

차 례

3

4

차 례

1

춤 · 1

살기 싫어 춤을 춘다면

토슈즈 신은 발 끝에

온 전신을 올려놓고

세상 지치게 돌고 싶다

돌다가

내 심신이 지치면

생각 밖으로 나가고 싶다

춤 · 2

그리움이란 별것인가

살만큼 살면 남는 것이지

사는 동안 남들에게

베풀면서 살다보면

저절로

살아나오는 것이

그리움의 존재 아닌가

춤 · 3

그대 주위를 맴돌다

맴돌다 떠나려하네

긴긴 기다림 거두고

자신으로 돌아 와

가파른

삶의 언덕배기에서

수취 불명의 백지이고 싶네

손등

타인과 만나서 악수를 건넬 때엔

손바닥이 보이도록 주고받는 인사를 한다

손등엔
수많은 역사의 금 그 흔적이 남아 있다

강아지 죽은 혼과 고양이 발톱소리

어머님 지문과 할머니 눈물자국

큰기침
할아버지 말씀도 아버지 숨소리까지

못 자국

마음에 못을 치면 울림만도 아픈 거다
못 자국에 녹이 슬어 벌겋게 물이 들면
피눈물
흰 가슴 한 폭
다 적시고도 남는다

얼마를 산다고 참지 못하는가
순리로 물 흐르듯 남은 이야기 흘러 보내고
정겨운
이웃들 만들어
함께 젖어 보내고 싶다

마음 한 올 뽑아서

마음 한 올 뽑아서 그리움 짜고 싶다
가을의 진한 내음 깊게깊게 심어가며
너절함 함께 떠나고 접은
색깔 잃은 오후 한 때

어두운 한낮에도 풀고 풀어 마음 비우고
흙으로 돌아갈 것 뭐 그리 다그치는가
뒷모습 검정 투성이
손바닥도 털고 떠나리

허구의 밀실 걷고 닦아내는 넓은 창유리
밤마다 갈대숲바람 칼날을 내리 꽂아도
한 덩이 싹 틔운 젊음
봄빛 그려 내린다

긴 겨울밤 울음소리 추위 덮을 이불 한 폭

틱낫한 웃음소리 마음 기울여 들어보면

붓 끝에 편 환한 화폭
한 가득 채운 마음 한 올

구두를 신으면서

넌 내 모든 비밀 고스란히 알고 있지
아픔도 슬픔도 만남도 함께 하면서

지켜온
그림자마저 따라오게 하지 않았나

하루 종일 엮여 있던 일정의 끝에 서면
어둠도 풀고 나와 밀실도 지켜보며

떨리는
삶의 내력을 깊게 심은 발자국 소리

묶였던 일상의 매듭 해결을 보는 순간
가둬 둔 내 영혼 속 보채는 이야기들

캄캄한
모롱이를 돌아가면 다시 차오르는 일상

생각을 펴다

더 짙은 생각들을
나뭇가지에 걸어놓고

밤 내내 파고드는 벌레들 울음소리

신새벽
은하수 반달 빛이
휘영청 빛을 잃다

때로는 더 가볍게
날아보고 돌아오지만

두려움 하나 가득 몸 속 짐을 쌓아안고

말 못할
비탈길에 서서
누벼보는 깊은 생각

삶 · 1

인생은 깃발이다

끝도 없이 흔들리는

의지도 바람도

노을도 그리움도

스스로

펄럭이며 내리지 않는

살아있는

마음 한 폭

삶 · 2

아들아 살아간다는
하루하루 생활들은
뒤엉킨 실타래를 고이고이 풀어가는 일

다 풀린
일들도 다시 이리저리 뒤엉키는 일

살아간다는 증거라는
뜨거운 말들이지만
떨리는 마음 한 쪽엔 날이 선 밤이 될지

밤하늘
별빛 헤아리듯 내 마음도 헤아리는 일

삶 · 3

삶을 마감하고
떠나는 길은 혼자다

아무리 발버둥쳐도
동행하는 그림자 없다

이승의
지난 일들을
하나하나 버리게 된다

다 떠나도 그 이름남아
살아 우는 자신의 북소리

별의 별 허공들이
하늘을 질러와도

뜨거운
체온이 있을 때만
빛을 남길 뿐이다

불꽃 너머

나의 두 눈동자 속에
네가 잠들고 있어
그것만으로도 나는 흐뭇해
그리운 날 노래 부른다
밤마다
꿈들을 모아 모닥불 피워두고

이웃도 함께 살던
그 옛날 바자울 너머
소죽솥에 장작 불꽃이
이글이글 타고 있을 때
젖은 손
말리며 앉아 내 마음 함께 탄다

유서를 쓰며

내가 한 좋은 일을
이 세상에 남기고 싶어
쓰레기더미와 같은 쓰잘 데 없는 일들은

용광로
끓는 불 속에서 숯으로만 굽고 싶다

하늘이 없다 해도
지옥이 있다 해도
내 삶의 좋은 지도를 깨끗하게 만들어서

이승의
돌다리를 놓아 곱게 디뎌 건너고 싶다

하는 일마다 늙어 있고
돋는 햇살도 힘에 겨워
오늘을 죽는 날까지 열심히 남기려고

뜨거운
피를 흘리며 유서 쓰고 있다

無味

우리가 사는 것이

이름 모를 무덤인 게야

고인돌처럼 돌을 놓고

무덤 세워야 무덤 아니고

생각이

죽은 세상은

쓸모없는 무덤인 게야

2

墨竹圖

지금은 묵향이 짙은

그림 한 점 그리고 있다

바람 강하게 부는

묵죽을 치면서도

머무는

마음 속에는

바람 한 점 일지 않는다

봄햇살 줍기

기대고 싶은 사람이
있으면 좋은 일이다

칠흑 같은 밤일지라도 마음을 깎고 다듬어

진탕 물
맞아가면서도
뜨거운 말 숨긴다

창 밖엔 여유 없이
푸른 계절 닫고 서서

허름한 옷을 입고 햇살 찾아 헤매면

창살에
빗금을 꽂는
그리운 날의 추억들

봄비 소리

추적이는 밤비소리에

깨어 일어나 오줌을 눈다

나뭇가지 마디에서

뿜어내는 풋풋한 전율

끝없이

想像圖를 그리는

한 화가의 붓질소리

봄비의 노래

지금 넌 높은 하늘에서
내리꽂는 화살이지만

그 화살 끝에서
싹이 트고
꽃이 필 것을

머릿속
깊은 곳에 앉아
꽃대 이미 그려놓는다

귀에 들리지 않는 소리는
그대 머리로 들으시게

티 없이 맑은 웃음 다가오는 그림자

터질듯
그리운 발걸음

자국마다
젖은 싹들

잠

목련이 다 진다고
한봄이 다 가는 건가
잠들지 못한 잎들 바람에 투덜대고

천수경
한 대목만 읊어도
이곳이 극락인 걸

밤 내내 잠 설치고
오지 않는 잠을 청해도
화면에 또렷하게 기록되는 영상들

떨리는
死者의 말 한 마디
화살처럼 꽂힌다

입춘 이후

멀리서 낮은 시선으로 들어올린 무거운 눈매
꼭꼭 밟는 발자국 깊이 속엔 살아 꿈틀거리는
고요한 전쟁준비에 바쁜
푸른 싹들이 진을 친다

말없어도 들려오는 말 귓문을 두드리고
지친 밀어 숨기면서 살아남는 것도 전쟁이다
푸릇한 움직이는 힘
반항하며 치솟는다

만 갈래 풍파 속에 옭아매는 추위들이
그들을 밟아 봐도 기어오르고 기어올라
탄탄한 겨울 성곽의 둘레
푸른 雲氣로 녹인다

매미

피로한 몸을 이끌고
세상을 기웃거린다

울고 싶을 때 울지 못하는
말 못할 절규를 붙잡고

한꺼풀
허물을 벗으며
내 속내를 고발한다

밤이면 어둠 함께
낮이면 그림자같이

남모르게 떠도는 풍문
고집스런 午睡 깊이

조용한
그대 하늘 가득
풀어흩는 더운 노래

바람에게

대밭 지나면서 마음 굳혔는가 싶더니
뜨거운 오늘 하루는
햇볕 쨍쨍 받는 거리
짓눌린
더위를 풀고 내 감성 적신다

봄인듯 하더니만 여름이 갑절 길고
그 위에 가을을 짧게
그림을 그리고 있다
밤마다
낙엽 굴리는 소리 발끝에서 서걱인다

꽁꽁 발이 묶인 겨울강에 눈 내리면
누군가 추사체로
그림을 그리고 앉아
가득한
백기 흔들며 항복을 청하고 있다

자연 앞에서

내 몸에 창문을 내고
산(生) 공기를 들여 볼까
밤 내내 토해내는 어둠을 몰아내고
서둘러
커튼을 달고
긴 호흡을 토한다

조금도 썩지 않을
바람은 없겠지만
그들은 하나같이 외면하고 돌아간다
늦은 밤
풍경소리 듣고
푸른 마음 일깨운다

안개 속에 떠오르는
네 뒷모습 보고 있으면
너로 인해 난 아직 살아있음을 느낀다
수많은

별빛 쏟아져도
환한 달빛 함께 살리

낙엽 뒹구는 날

노오란 절망들이 길거리에 널려 있다

지나가던 바람이
일으켜 세워 봐도

몇 걸음
날아오르다 추락하는 네 날개

햇살을 거머쥐고 춤추던 두 어깨도

해 기우는 가을 녘
뒷전으로 꺾여지고

자동차
소음에 묻혀 부서지는 네 신음

아침 연못

연못을 들여다보면
하늘 나는 꿈을 꾼다
날개 하나 없어도 내 마음 빙빙 돌고
구름도
깊은 물 속에서
둥둥 떠다니는 모습

마음에 없으면
보이지 않는다하여
지는 해 따라 가면 어둠 곧 들어서고
들리는
개구리 울음
한밤 가득 움을 튼다

꽃나무 흔들리듯

다 떠난 외로움이 아직도 팔짱을 끼고
꽃나무 흔들듯이 내 곁을 맴돌다가
깊은 봄
연둣빛 사연
사정없이 퍼붓는다

인적 드문 오솔길 위 봄풀은 자라 올라
물그림자 길게 누운 저녁나절 떠올리면
졸음이
억수로 내리붓는
졸고 있는 가로등

나는 뇌관을 소리 없이 터뜨리고 싶다
폭발음이 나지 않도록 사이사이 심어두고
덥지도
뜨겁지도 않는
새 지도 그리고 싶다

春石

어느 친구에게

男根石을 선물로 받다

두고두고 생각이 나는

푸른 기운 쏟아지는

빛바랜

겨울 강 앞에서

봄 풀빛 묻어나고 있다

3

野史처럼

바람막이로 오늘을 살다가

내일 힘없이 지는 고목

正史로 하나 안 남은

내 발자국 언저리엔

잡초만

무성히 자란

빈 벌판일 뿐이네

아편 꼭지

아버지 살아계실 때 내 아이가 많이 아팠다
안동 모 소아과의원이
보리차나 먹이라한다
마지막
가는 길로 알고 內子는 슬피 울었다

아버지는 아편 꼭지 건삼 한 채 넣고
말없는 울음을 끓여
슬피슬피 퍼먹이다
먹구름
하늘은 걷히고 맑은 해가 떠오른다

사람 사는 길은 외길이 아니라는 걸
살면서 배우고 또
늙으면 의원이 된다
지금도
그 눈물자국 내 손등에 얼룩져 산다

사람의 향기 · 1

네 옷섶에서 풍기는

된장 냄새 같은 말소리

그와 눈길이 마주칠 때

눈웃음을 넘겨주고

묻어난

웃음소리 뒤엔

외로움이 달로 뜬다

사람의 향기 · 2

산이 좋은 사람들은
산보다 더 높게
마음 먼저 그곳에 올라 가 있습니다

강이 좋은 이들은
강물보다 더 깊게
생각 먼저 그 곳을 흘러가고 있습니다
길마다 사람들이
제 나름 걸어가고 있지만
발자국 바르게 걸어가고 있는지

가는 길
돌아보면 그리움이 따라 오고
눈 앞에는 안개만 자욱합니다

사람의 향기 · 3

그대여

생각이 꽃보다 고와야

그대의 인품 속에

진한 향내가 나리

수척한

벌판을 가로지른

회오리바람에도 묻어나리

걱정스럽다

세상 돌아가는 소리를 듣고 나면
내일이 투명하게 먹구름 벗는 하늘
지금껏
풀어놓은 고삐
그 흔들림이 걱정스럽다

돌아오는 물굽이들 소리 지르는 깃발
머리띠 벌겋게 흐르는 물결 보면
아우성
급강하는 폭포
급물결이 걱정스럽다

말 못할 자동차 홍수 어디까지 줄을 잇는가
가스를 내뿜으며 돌아보면 아득한 매연
남북극
내려앉는 얼음산
그 아픔이 걱정스럽다

공짜로 해 준다는 말 그 사람 믿어주고
복지를 흔케 풀어 득표에 눈이 먼 사람
거덜 난
나라 살림살이
그 부도가 걱정스럽다

다시 걱정스럽다

한겨울만 되면 나는
폐암 앓던 아버지 생각
그 옆에 조용히 앉아 무너지는 한숨한숨
나뭇잎
부서지는 소리에도
겨울밤을
설친다

숙직실 문설주에
두 귀를 걸어놓고
소식을 기다리던 내 눈은 퉁퉁 불어
봄소식
진한 그리움
그 아픔을
열어본다

지금도 아버지 그 높은 푸른 하늘
생전에 일어나던

그리움의 향수가
한겨울
봄비 내리듯
안개처럼
피는 밤

사람 사는 일이

Ⅰ

저 먼 제주 바다에서 땄다는 전복 소라들
푸른 바다 하나 가득 택배로 보내 왔다
고등어
아가미 속 붉은 햇덩이가 떠오른다

이글이글 타오르는 살아 숨쉬는 아침바다
그들은 하나같이 흰 파도소릴 둘둘 말아서
소박한
아침상을 들고 내 마음을 꿰뚫어 본다

Ⅱ

그리운 사람들은 그리움으로 묻어두자
가을 햇살 가득한 뜰 한 가운데 피는 꽃들
늦가을
서릿발 사이로 흰 눈발도 보인다

하나 둘 다 떠나고 나만 혼자 앉아 있는

저녁 놀 붉게 타는 지평선 바라보면
둥근달
한 아름 밝아 세상일들 다 뵌다

사람아, 사람아

사람아 말장난에 너무 치우치지 마라
사는 대로 너그럽게 마음을 써내려가면
새들도 따라 나서고 사람들도 잘 알아 들으리

머 그렇게 뾰족한 일이라고
갈고 닦고 세워놓으면
바람도 피해가고
새소리도 멎어버려
외면한
물소리까지 그 발자국 돌아나간다

새롭다 새롭다하며
바람소리마저 귀를 막고
산그리매 내리지 않는
외로운 사람이 되어
서글픈
메아리마저 한 가슴을 앓고 간다

질그릇 같은 푸석한
소박한 마음뿐이라도
따스한 이야기 한 사발
소리 없이 담아놓으면
그리움
저절로 모이는 냇물소리 큰 가람소리

나는 강물로 흐르고

살아온 외로운 길
말벗으로 남겠습니다

돌아갈 심장 가까이 하늘이 파랗게 여물고

스쳐온
날빛 다 보내고
지닌 향기 떨굽니다

나는 강물로 흐르고
그대는 한 개 나뭇잎

불어오른 강물 따라 출렁이는 파문으로

눈물은
마르지 않고
마음 속에 쌓입니다

自問

때로는 자신을 묻어 장사지낼 때가 있다
돌아 설 틈 없이 바쁜 내가 없을 때 많아
수수밭
사이로 뜨는
밝은 달 보고 묻는다

너는 어디서 와 모든 이의 가슴 밝혀
일없는 마음들을 스스로 소생시키는가
저만치
내 맘 떠나보내고
육신은 남아 여기 있다

4

가을 섬

당신의 뒷모습 보고 난 섬이라고 했다
바람 한 점 새 한 마리 키우지 않는 무인도
낙엽만
물살로 앉고
부서지는 높은 파도

말없이 놀란 얼굴
영영 돌아오지 않을 거라는 말
숨죽이며 견딜 수 있는 붙잡는 그대 앞에
낯설은
단풍잎 하나
소리내어 붉게 운다

멀리 있어도

저 멀리 있어도 가까이 보이는
당신의 그늘이면 어디나 시원하다
산그늘
내리는 저녁 때도
넘어가지 않는 정

눈 덮인 하늘이 조용하게 내려앉고
떨려오는 마음이 사시나무 되어도
든든한
당신 그늘이라면
온 세상이 시원하다

밤하늘 별들을 잠잠히 쳐다보면서
푸른 하늘 끝없이 젖어 흐르는 별빛
뽀얗게
밤 지새운 은하수 마른 강물

해변에서

물길은 하루라도
참지 않고 흐르다가

녹색 잔디밭에 앉은 나비들이 들썩인다

골고루
가래 끓는 소리
집채만한 파도 앉히다

물살 빠른 강물일 때
만일 내가 돌아간다면

다시는 의지할 곳 없는 이곳에 오지 않아

저무는
공간 속에 갇힌
나 자신을 뒤돌아본다

순간의 하늘

돌아 앉아 있어도
잘 보이는 계절에는

눈을 감고 앉아 있어
웃음이 가지마다 피고

강 버들
순간순간 푸르러
내 하늘을 덮는다

덩달아 따라 나오던
눈썹 긴 아이들은

종이배 한 척 만들어
강가로 나간 후에

웃음만
가득한 하늘
뒤돌아보는 모습 뜬다

연꽃의 의미

내 모르던 그 옛날에는
바람소리로만 듣고 살았지

강물소리도 그 소린 줄 알고
창문만 닫아버렸지

원망만
가득한 귓가엔 꿈틀거리는 진흙탕

물보다 깊은 곳에서
살아오른 대궁 속에서

순수한 마음으로 잣아올린 색깔들이

두고 온
이정표 넘어 몸 벙그는 진한 향기

가을, 문학관에서

백수문학관 등지고 서
하늘을 바라보면
고추잠자리 빨갛게 하늘을 누비고

뜨거운
갈 볕 하루가 황악산을 다 덮는다

길마다 깔려있는
질질이 매미소리
가는 곳곳 좁아드는 여울물소리 같아서

한동안
아름드리 나무가 흔들리고 있는 처서

뿌리로 내려앉는
우리들 가슴 둘레
하나하나 헤아려보면 쌓이는 낙엽소리

다 산 뒤
소리 없는 발자국 바람으로 역사를 쓴다

산을 보며

끝이 없는 마음 속까지
푸르게만 세워놓다
말없이 쓰러지는 어둠도 세워놓고

깨끗한
그림자만 펼친
그리움만 모아놓다

내가 산을 오를라 치면
산은 말없이 물러앉고
깊은 맘 닿을라치면 벌써 그는 내 속에 와 있네

머물고
떠나는 이치
산을 덮는 흰 구름 같아

마음이 깊을수록
말(言)을 안고 사는 사람

하고 싶은 언어 모아 가슴 속 줄줄이 쌓고

산만한
무게로 앉아
어둠 함께 내리는 침묵

나무에게

부드러운 강줄기 같은 물소리가 들린다

큰 나무에 기대서면 수없이 빨아올리는

끝없는
깊고 푸른 말로
쓰고 있는 역사를 만난다

역사를 거스르는 칼바람이 몰아치면

귀 먹고 눈을 막고 물기둥도 막고 서는

조용한
운치 있는 내력
그 한 폭을 쓰고 싶다

다시 나무에게

해마다 넌 죽지 않고 살아 숨쉬고 있었구나
어떤 땐 죽은 듯이 숨쉬는 기미 보이잖고

목숨도
겉옷 펄럭이듯
이 계절 죽어 보였구나

그래그래 그렇다하자
넌 너대로 삶의 발버둥
난 나대로 살아있음을 죽은 듯이 보여 줄 때

새롭고
가득한 움이 돋아
죽음 면할 수 있을 테지

살다보면

마음이 머무는 곳에
그대로 머물러 서고

그대 머무는 곳에 나도 함께 머뭅니다

밀려든
세파를 보면서 물러 서고 싶은 마음

살다보면 그 옛길에서
나 그대이고 싶을 때

다 떠난 허허벌판에서도 그런 일 종종 있어

이런 땐
한 잎 낙엽으로
하늘 가장자리에 서고 싶습니다

내가 수수밭 사이로 달릴 때

억척같이 집착하다보면

슬픔도 이길 때가 있다

용케 살아남은

진솔한 마음의 그림자

수수밭

칼 가는 잎들이

내 생각을 번득이게 한다

秋行

어려운 보릿고개

방귀만 뀌다가

바지가랑이가 누렇게 된

어느 가을 바람결에

낮잠만

노랗게 깔고

낙엽에 지문을 찍는다

5

흰 사발

넌 입 벌려 조선의 말
마음껏 하고 있구나
존댓말도 할 줄 몰라 반말도 못하는 모습
주어진
모습 크기로
네 한 말도 다 못 담네

하고 싶은 말 있어도
골고루 삭혀 담고
주눅 든 얼굴 모습 양반말도 삭혀 듣네
깨뜨린
언어 위에 선 너는
살아있는 삶의 그릇

신라 토기

불국사 골동품점에서
내게 건네 온 토기 한 점

등에 술통 가득 싣고
유유히 걷는 걸음걸이

한 고뇌
훌훌 털고 걸을
步法마저 잊었다

발 빠른 잔과 잔들이
뿔의 뿌리 채워 가고

이름 모를 사연 안고
징검다리 놓고 가는

가득한
눈물보따리
흩뿌리며 걸어간다

백자 달항아리

Ⅰ
흰 구름 둥둥 뜨는 도자기 그림 앞에
십장생 하나하나 나타났다 반쯤 숨는
돌부리 허옇게 걸린 물소리가 귀에 젖네

Ⅱ
요즘 달 항아리 서울부잣집 상징으로
어떻게 빚었는지 까맣게 모르면서
커다란 자연을 안고 저 달 속의 가쁜 숨소리

Ⅲ
종실 뒤란에 우는 눈물방울 듣는 근심
하나하나 헤아리지 못하는 보통 사람들
오늘도 사람들 그늘 속에 환하게 떠 있는 모습

부석사 선비화

조사당 처마 끝에서

雨露를 받지 않아도

수백 년 그늘로 크고

풍경소리 함께 자라

봉황산

드높은 자리에서

사바세계 꽃향이 물든다

부석사 저녁 북소리

골마다 푸른 산맥

말 못하게 엎드려놓고

안개로 산골 물 발라

그 소릴 지워놓고

북소리

속울음을 열어

온 산천을 잠재우리

철탄산 오르면

소백산 병풍처럼 삭풍을 막아주며
사계가 하늘로부터 오고감을 봅니다
오월엔
아카시아 향기
구름처럼 모이는 곳

사람들 발자국소리 계절이 피고집니다
연화봉 능선 따라 철쭉꽃 줄줄이 피고
가을철
인삼 꽃향내
코 끝마다 스밉니다

달밤 철탄산은 무릉도원 경집니다
조용한 그림자는 바람에 일렁이고
서천강
물소리까지
달빛되어 흐릅니다

용문사에서

언젠가 용문사 경내
輪藏臺를 돌려보았다

마음은 하늘 위에 깊숙이 걸어두고

발걸음
옮길 때마다
새 세상을 맛보는 일상

산이 깊은 곳엔
물길도 소리낸다

비온 뒤 늦더위가 처서를 넘어오지만

자욱한
들매미 소리 뒤엔
나락들이 익고 있다

하회에 가면

구수한 목소리로 불러 세운 그대 이름
탈춤 속 말뚝이처럼 해학을 풀어 쓰면
언제나
잔잔한 생각들
돌아나가는 물살인다

푸른 강물소리 모래 벌에 묻어두고
역사의 아픈 발자국 하나씩 찍어 와서
날렵한
와가의 처마 밑
떨어지는 빗방울 울림

돌아가는 모래사장 울어흩는 솔숲 그늘
지는 해 붉은 노을 물소리 깔고 앉아
하회탈
껄쭉한 말소리
옛 이야기 듣고 싶다

주산지에서

부리 긴 까막딱따구리
나무 쪼는 소리 들린다

잠들기 전 냇물소리 귀밑에 깔리며 살아

가벼운
여운의 퍼짐
한 골짝을 덮는다

가뭄에도 물 속에는
검은 고기 떼 모습 보이고
왕버들 다 드러낸 뿌리마다 가지마다

파릇함
삶의 움직임
하늘에 닿고 있다

산사에서

Ⅰ

내 가슴 한 곳을 비워 목탁으로 울게 하리
울지 않는 이 세상에서 우는 법을 배워야겠네
걸어온 지금 내 발자취 슬픔보다 더 큰 울음

Ⅱ

비, 이슬, 안개 속에 바람도 나직이 앉아
산 메아리 그늘되어 숨어사는 나무들이
아릿한 그리움 만들어 눈물 속에 젖는 밤

Ⅲ

마음은 첩첩산중 풍경은 불빛 포개고
허공을 적시는 부드러운 네 목소리
등나무 숲 사이로 내려앉는 비발디 그리운 사계

Ⅳ

비스듬히 산은 누워 하늘 닮고 흙내 닮아

청정하게 살고 싶어 하늘 향해 머릴 풀어
오늘은 다 품고 앉아서 목탁처럼 울고 싶다

낙산사 · 1

오월의 푸른 숨소리

온 산맥이 살아 넘친다

봄볕 뒤엔 가을 있어

변함없는 윤회의 길

그리움

흘러가는 소리

부서지는

파도

파도

낙산사 · 2

滄海가 드리워진
밑동 굵은 노송이 되어
어디서나 바라 뵈는 그늘 짙은 나무로 서서
불타는
원통보전을 보며 소리질러 깨우리

점점 푸른 빛으로 찾아 앉는 그대 모습
다시는 후회 없는 내일을 만들려고
타버린
전신을 이끌고 갈아입는 너의 옷

존재의 춤인 시 한 줄을 위하여

*

때로는 살아있어도 살고 싶지 않을 때가 있다.

하는 일이 잘 안 풀리거나 결이 생길 때에는 어디 가서 한참이나 떠돌고 싶을 때가 있다. 이럴 때 대부분의 사람들은 볼링을 한다거나 당구를 치면서 더러는 산야에 가서 머리를 식힌다. 하지만 가끔은 할 수 없는 일들을 하면서 세상 밖으로 튀고 싶을 때도 있다.

사람은 살아있어야 사람이다. 죽고 나면 이내 잊어버리고, 또 오래 기억할 수 있는 시간적 여유를 가지고 살지 못하기 때문에 잊혀 진 기억 속에 잠재해 있기 마련이다.

「춤 · 1」이 나오기까지는 많은 아픔과 고뇌가 있었다. 세상에서 더 이상 살고 싶지 않았을 때 쓴 시이다. 춤출 때에는 아무 생각 없이 스스로 몸이 움직인다. 혼신을 다해 추는 것이 춤의 매력이다. 그러나 삶에 지쳐서 추는 춤은 금방 탄로가 난다. 지친 삶의 무게를 감

당하기 어려운 몸짓이 표출되기 때문이다. 때로는 사무친 그리움이 시가 되고 춤이 된다. 그리하여 시는 존재의 춤이다.

*

이제 우리 사는 언덕배기에서 생긴 일이 생각난다. 작품 「못 자국」은 바로 현실이다.

머슬로(abraham H. maslow)의 「욕구개재이론」에서도 언급되었지만 사람의 욕심은 끝이 없음을 살아가면서도 터득하고 있다. 하지만 연륜이 높이 쌓여서 경험으로 배우는 것은 누구에게나 일어나는 일은 아닐 게다.

선거를 치러본 사람이면 공감하는 일이지만 낙선자는 그 후유증이 오래 간다. 사람들을 기피하는 마음도 일고, 모든 일들이 손에 잡히질 않는 현상을 맛볼 수 있다. 자신에 대한 자책이나 실어증이 오는 경험도 할 수 있다. 시간이 흘러 평온하고 봄이 오는 길목에 섰다고는 하나 가끔 찬바람이 가슴 속 한 곳에 남아 헤집고 다닐 때도 있다.

*

사람을 만나면 먼저 고향의 맛 같은 느낌이 나야 한

다. 사람 냄새가 나는 세상에서 살고 싶어진 것이 언제부터인지는 헤아릴 수 없다. 다가오는 사람과 오랫동안 함께 지내려고 해도 그런 사람은 오래 가지 아니한다. 함께 살다보면 오랜 세월에 묻혀 살게 되는 이치는 서로간에 너무 따지지 말고 아픔도 묻어주고 슬픔도 함께 하면서 섭섭한 마음도 가슴에 묻고 사는 일이 바로 천 년을 견디는 노송 같은 형상일 게다. 이것이 「사람의 향기」가 아니겠는가?

*

나는 한 때 그림을 그려보았다. 문인화(文人畵) 속에서 자신의 영상을 보는 것 같아 함부로 그리기 어려웠다. 어지간히 그린 솜씨로는 발표하기가 꺼려져서 도록을 만드는데 내놓기는 더욱 어려웠다. 그래서 한 번도 도록에 내지 못했음을 밝혀둔다. 남들은 별난 사람이라고 말하겠지만 마음에 반도 안 차는 것을 남의 손의 호흡을 빌어서 된 것을 내 것인 양 선 보일 수 없었던 것이다.

*

안동 하회에 가면 많은 것들을 볼 수 있고 들을 수 있어 좋다. 탈춤 속에서 조선시대 그 분들이 살았던 해

학이 물굽이마다 출렁거리고 그 분들이 함께 살았던 시대적인 관습과 인습들이 줄줄 풀려나와서 보는 이로 하여금 박수를 치게 한다.

누구나 하회에 간다하여 느낌이 똑같을 수는 없겠지만 임진왜란의 그 어려운 전란을 잘 이끌었던 인물 서애 유성룡과 그가 후세의 사람들에게 좋은 본보기로 쓴 『징비록(懲毖錄)』이 떠올려질 것이다. 물론 태극형 물굽이도 떠올리겠지만, 석양의 붉은 노을에 물빛까지 변한 낙동강 물줄기를 보면서 강물은 흘러가는 또 하나의 역사임을 인식하게 된다. 이것이 작품 「하회에 가면」을 쓰게 된 동기이다.

사람이 살아가는 데에는 지난 역사도 중요하겠지만 지금 당장 밥 먹고 사는 일들도 중요하다. 그러나 옛 사람들은 너무 현실에 가까우면 그릇이 적다하고, 모르는 척하면서 은은하게 뿜어내는 사람을 속 깊은 사람으로 여긴다. 그래서 견리사의(見利思義)라는 표현을 한다. 그렇지만 현실에 발을 담그고 사는 우리는 눈앞에 보이는 현실상황을 외면하면서 살 수 없는 처지이다.

*

나는 영주를 사랑한다. 우리 고장의 문화와 선조들

이 남긴 유물 등 모든 것들을 사랑한다. 또 그것들을 둘러싸고 있는 자연환경도 더 없이 좋아한다.

부석사 조사당 처마 밑에 심겨져 오랜 세월을 살아온 선비화를 보면서, 부석사의 저녁 북소리를 들으면서, 또 주위의 아름다운 자연을 보며 시상(詩想)을 얻는다.

우리나라 최고의 목조건물인 무량수전(無量壽殿)을 보면 절로 감탄이 나온다. 무량수전 배흘림기둥에 기대어 내려다보는 저녁 풍광은 한마디로 경이롭다. 이러한 문화유산이 우리 고장에 존재한다는 것 자체만으로도 기쁨을 감출 수 없다.

*

어떤 때에는 깊은 산사에서 숨어살고 싶어질 때도 있다. 사람이 싫어서, 피하고 싶어서 바랑을 걸머지고 짙은 안개 속에서 헤어나고 싶지 않을 때가 있다. 북처럼, 목어처럼 속이 텅 빈 나를 만들어 큰 소리 내어 울고 싶을 때 울 수 있는 내가 되었으면 한다.

작품 「산사에서」가 그 때의 심정이다. 사람은 자연을 닮아야 사람 구실을 하고 명도 길게 된다고 하는데, 사람들이 나날이 강퍅해져 가는 우리들의 현실 속에서 함께 울어주고 더불어 소리낼 수 있는 실상이 그리워

지는 것이다. 누가 정이 깊은 마음과 우는 법을 가르쳐 줄 것인가?

*

폴 발레리가 말하기를 시를 쓰는데 있어서 시의 첫 행은 신이 시인에게 준 영감으로 주어지는 것이고, 그 나머지는 시인이 스스로 찾아서 쓰는 것이라고 했다. 사실 좋은 시를 읽어보면 단 한 줄로 인해 그 시 전체가 살아나는 것을 볼 수 있다.

많은 시조 가운데 단 한 편만이라도 독자들의 마음을 사로잡는 작품이 있다면 그것으로 족하다. 정보의 발달로 인해 책을 접할 필요성을 느낄 수 없는 상황이지만 그래도 책이 살아남을 수 있는 것은 창작 활동이 있기 때문이다. 범람하는 출판의 홍수 속에서 한 권의 선택된 책으로 엮어내는 고민은 작가의 몫으로 남는다.

만인시인선 48

춤

초판 인쇄 2013년 4월 10일
초판 발행 2013년 4월 15일

지은이 / 박 영 교
펴낸이 / 박 진 환

펴낸 곳 / 만인사
출판등록 / 1996년 4월 20일 제03-01-306호
주소 / 700-813 대구광역시 중구 명륜로 116
전화 / (053)422-0550
팩스 / (053)426-9543
전자우편 / maninsa@hanmail.net
홈페이지 / www.maninsa.co.kr

ISBN 978-89-6349-043-4 03810

값 8,000원

* 이 도서의 국립중앙도서관 출판시도서목록(CIP)은 서지정보유통지원시스템 홈페이지(http://seoji.nl.go.kr)와 국가자료공동목록시스템(http://www.nl.go.kr/kolisnet)에서 이용하실 수 있습니다(CIP제어번호 : CIP2013002173).